Círculo Rojo

Historia de una Viajera que se convirtió en Guía

Preceptos y conceptos de vida vivida.
La vida es un viaje

Historia de una Viajera que se convirtió en Guía

Preceptos y conceptos de vida vivida.
La vida es un viaje

Laura Monza

Círculo Rojo
EDITORIAL

Primera edición: febrero 2025

Depósito legal: AL 3873-2025

ISBN: 979-13-7008-129-4
Impresión y encuadernación: Editorial Círculo Rojo

© Del texto: Laura Monza
   Traducción del italiano al español a cargo de Elisa Legni
© Maquetación y diseño: Equipo de Editorial Círculo Rojo
© Fotografías de la portada a cargo de Sabina Bibi Škodova
                              www.missbibiphotography.com

Editorial Círculo Rojo
www.editorialcirculorojo.com
info@editorialcirculorojo.com

Impreso en España - Printed in Spain

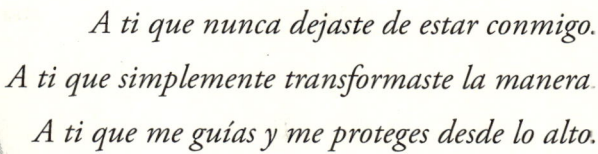

A ti que nunca dejaste de estar conmigo.
A ti que simplemente transformaste la manera
A ti que me guías y me proteges desde lo alto.

A ti que me animaste a seguir en la vida
un paso tras otro, creyendo en mí, orgulloso
de mí, exactamente como en aquel día
detrás de una red mientras gritabas
mi nombre y yo corría para ganar y
para superar mis límites.

A ti que desde ese más allá me observabas,
con ojos llenos de amor,
conquistar tierras lejanas y altas cumbres
usando el corazón como brújula, la mente
como telescopio preciso y previsor y con
la justicia, el respeto, la perseverancia y la
bondad en los bolsillos.

¡Dedicado a ti, papá!

ÍNDICE

AGRADECIMIENTOS

¿Fronteras? Nunca he visto una.
Pero he oído que existen
en las mentes de algunas personas.
Ábrete al viaje más importante de todos,
tu vida, y ¡no tengas miedo de explorar!

Gracias a mí misma, por no haberme rendido nunca, por haber creído en mí misma y en el amor, por haber soñado, perseverado, osado, deseado, intensamente deseado.

Gracias a mamá Rosalba y papá Alberto por haber sido esenciales en la realización de todo.

Gracias a David, el amor que siempre he querido y soñado desde pequeña, mi marido, mi gran inspiración, gracias por haberle dado al botón de inicio, por haber disparado al aire para arrancar la fase central, el corazón latiente del gran proyecto de vida.

Gracias a Alex, quien me hizo madre y me puso delante del gran espejo que te aterra o que te empuja al salto cuántico.

11

Gracias a Ginevra por ver, como una clarividente, la que ve claramente, mis fuerte alas.

Gracias a Roberta por siempre creer en mí y por escucharme con gran paciencia y amor, hasta el agotamiento.

Gracias a Enrico y Catia por pedirme si "por casualidad" había escrito un libro, ya que lo habríais leído con mucho gusto.

Gracias a Livia por hacerme recordar que ya lo tenía hecho sin haberme dado cuenta.

Gracias a Alberto por exhortarme ofreciéndome las primeras oportunidades de experimentar como escritora y más allá.

Gracias a Massimo y Roberta por haber llegado a mi camino y por viajar conmigo y con David dándole un sentido aún más profundo a la vida. Gracias por ser un gran ejemplo, os llevo en mi corazón como mantenía el póster de Tom Cruise colgado en la pared cuando tenía 14 años, sois mis ídolos.

Gracias a Elisa por llegar a mi camino con un don muy especial, permitir que mi libro cruce las fronteras llegando a muchas más personas, protagonistas absolutas de mi gran proyecto de ayuda, guía y apoyo. Gracias por dejar que ese día nuestras energías fluyeran y se encontraran creando una situación ultraterrena, permitiendo que este gran plan siga cumpliéndose.

Gracias a todos aquellos que, con su aporte, consciente o inconsciente, han transformado en realidad el sueño de escribir un libro.

Laura

PRÓLOGO

De Cristina Fabbrini Serravalle

Cuando era niña Laura quería ser arqueóloga, nos lo cuenta ella misma en el capítulo titulado "La arqueóloga". Al final lo consiguió, hizo realidad su sueño.

Eran el lugar y el espacio los que necesitaban una interpretación diferente, en comparación con los cánones clásicos de la arqueología. Nada de Pirámides o momias egipcias, nada de artefactos de cinco mil años de antigüedad, para ella. Sueños, más bien. Deseos. Necesidades. Serenidad. Comprensión.

La lista sería muy larga, pero dejo a ustedes que leen este libro la tarea de enriquecerla con las suyas, de emociones. Laura, arqueóloga del Yo herido escondido en algún lugar, en nuestro interior, en profundidades tan difíciles y arriesgadas de alcanzar, que solo las herramientas adecuadas y una técnica afinada con el tiempo pueden conseguir.

Con esta colección de textos Laura nos muestra la parte más íntima y vulnerable de sí misma, la carne viva, escondida bajo el tejido cicatricial de los errores, de las caídas, de las derrotas; pero también de la alegría de la victoria, de la comprensión y la conciencia, de la luz. Un caleidoscopio de situaciones que despiertan emociones desde las que empezar a reconstruir nuestro camino con valentía y dignidad, un paso tras otro.

Enfocar de forma correcta la manera de abordar este pequeño gran libro no es sencillo ni inmediato, porque las imágenes reflejadas en el espejo del alma, muchas veces, no estamos preparados para verlas; porque son algo que nunca hemos querido ver sobre nosotros mismos, y las hemos enterrado —de hecho— bajo capas y capas de inconsciencia, alejándolas a la fuerza de nuestra vista.

Fue para mí un privilegio poder leer prelanzado *Historia de una viajera que se convirtió en guía* y escribir estas líneas de prólogo, pero no solo eso, sino también editarlo y prepararlo para su publicación.

Así que aquí estoy: con las manos en una novela en estreno, una por terminar y dos ya publicadas que me están dando un trabajo de promoción increíble y con este libro que la impertinencia del destino ha puesto en mi camino como una piedra, o un agujero.

Un estorbo, en definitiva.

Una desaceleración en mi trayectoria profesional ya ardua.

Me obligó a detenerme, a bajar para mirar si la rueda de mi carro se había dañado.

Y no puedo describir el asombro y la maravilla que sentí cuando, al mover la mirada, vi al costado de la calle a una niña mirándome fijamente y deseando ser recogida, acompañada, reconocida. Quería subirse a mi carrito. Quería hablar.

Una Cristina de…, pues, ¿unos tres años? ¿Cinco? ¿Diez?

Aún no lo he descubierto, pero lo entenderé con la ayuda de Laura.

No la habría visto si este libro —este obstáculo en mi camino— no me hubiera hecho detenerme, bajarme y observar lo que me rodeaba. O tal vez que llevaba adentro.

Cristina Fabbrini Serravalle

PRÓLOGO

De Gabriele Via

Laura nos ofrece mucho en este precioso diario sin fechas.

En un momento dado, nos revela la existencia de una extraña cabina telefónica (cosas del siglo pasado), mediante la cual se puede viajar en el tiempo. Pues este diario no tiene fechas en el mismo sentido de esa extraña cabina telefónica. Un tiempo más profundo que el tiempo lineal y más mágico que el tiempo cíclico. Un tiempo del alma. Hoy está de moda contraponer a Kronos y Kairos, pero lo que importa es tener con ellos una experiencia directa, concreta y profunda. Estas páginas nos ayudarán.

En ellas encuentro efectivamente la honesta búsqueda de un horizonte moral para nuestro vivir, abierto a la responsabilidad y a la libertad.

Laura vive en ellas y ahí ella es autora que sobrepasa la escritura, por elección —sin duda—, pero también por vocación, y esto se desprende de cada vuelta de página. Autora de su vida como servicio y profesión en la relación de ayuda. Cada instante de este diario sin fechas está dirigido hacia esta perspectiva: ¿un entrenador y un atleta? ¿Una madre y un hijo? ¿Un padre y una hija? ¿Un desconocido y la oportunidad que crea la situación dada? ¿Un recuerdo?

La vida nos pone en la situación, pero es ahí que nos jugamos la libertad de estar ahí, de hacer nuestra parte. Y estas páginas tan personales y auténticas pueden ayudarnos a creer posibles esos ejercicios de evocación interior y atención que, con tanta naturalidad, Laura practicaba desde que era niña y que pueden entrar en nuestra disciplina personal de cuidado del cuerpo y del alma.

Lo que quizás importe más que nada para quien emprende el camino de la autorrealización es mantener tenso el cabo para sentir que la vela se llena de viento... Estar en la realidad concreta, así como en la claridad y en el poder imaginativo. No se trata de la primacía del cuerpo sobre la mente o viceversa, sino de ese cabo tenso. Laura nos lo cuenta. Cuerpo y mente en un único flujo.

Igual que leer estas páginas e integrarlas honestamente en tu propio camino, y verificar.

Y —como ella misma escribe para nosotros— ahí estará ella. Ahora nos toca a nosotros.

Gabriele Via

INTRODUCCIÓN

En este libro no contaré nada de impresionante o nuevo bajo el sol de esta galaxia a la que pertenezco junto a mil millones de estrellas, planetas, gases, polvos, materia obscura e invisible y a ocho mil millones de personas.

Mi intención y deseo es el de contar una historia, la mía; la historia de quien creyó que se "podía", y desde entonces convirtió todas sus energías en varias cosas bajo un mínimo común denominador: ¡las ganas de conseguirlo y a lo grande!

Hoy siento poder afirmar, igual con algo más que una pizca de orgullo, lo siguiente:

El 9 de octubre 1975 nací yo, nombre completo Laura Monza.

Un nombre y un apellido que, para mí, miden por el mismo rasero que la herencia de la persona que los lleva.

Los nombres —e incluso los apellidos— que llevamos hablan de nosotros, y yo siempre los he sentido muy míos hasta el punto de empujarme a buscar y comprender la razón de ello.

Laura: el nombre latino Laurea, que se transformó a lo largo de los siglos en Laura, significa la que lleva la corona de laurel, el reconocimiento que se ponía sobre las cabezas de conducteros victoriosos y de poetas. El laurel es una planta sagrada para Apolo y es símbolo de sabiduría y gloria, de fe y coraje.

Este nombre tiene una estrecha afinidad, o parentesco lexical, con el nombre griego de Dafne, la ninfa amada por Apolo y a la cual el dios rechazado transformó en laurel. La hoja de laurel se volvió así en el símbolo de victoria en las competiciones deportivas y también en los debates literarios (pensemos en el gran poeta Dante Alighieri, cuya cabeza siempre vemos coronada con una laureola).

Persona fuerte y tenaz, la cual desde pequeña sabrá alcanzar sus objetivos con estrategias ganadoras.

Làura (o Lavra) del griego bizantino λαύρα ‹làbħra› (pasado al ruso como Lavra), que en la edad antigua significaba "camino, senda".

El término griego λαύρα significó desde el principio un pasaje, o senda angosta, y más tarde un barrio determinado en una ciudad pequeña, generalmente rodeado por una empalizada. A partir de aquí el término pasó a designar colonias de monjes, que llevaban vidas casi eremíticas en lugares desérticos y que, para defender su colonia de incursiones repentinas de beduinos o animales salvajes, protegían su colonia con una empalizada u otra valla. En Alessandria el término también designó los principales grupos del cristianismo local distribuidos alrededor de las principales iglesias; posteriormente el término se convirtió prácticamente en sinónimo de *monasterio amplio y poblado*.

Los primeros monasterios lauras aparecieron en Palestina, y aquí el término se volvió habitual; sin embargo, la institución de lauras también se extendió más allá, en Siria, Mesopotamia, Galia e Italia. Las lauras más antiguas de Palestina se atribuyen a San Caritón y florecieron antes del año 350. Este fundó la laura de Faran en Jerusalén y la de Duka, cerca de Jericó. Otras lauras fueron fundadas en Palestina en la segunda mitad del siglo V por San Saba, originario de Capadocia; además, también lleva su nombre el conocido monasterio de Mar Saba, en el valle de Cedrón, cerca de Jerusalén, que fue llamado la "Gran Laura".

Con el tiempo, estos monasterios también se multiplicaron en Egipto, y en el siglo VI ya llegaban al centenar. Especial importancia tuvieron las "Grandes Lauras" del Monte Athos y del Monte Sinaí.

En estas lauras, desde el principio, los monjes vivían agrupados —aun así, independientes unos de otros— alrededor de un anacoreta (religioso que vive aislado en lugares desiertos) de particular fama. Juntos, se reunían los domingos en la iglesia común para la celebración de la Eucaristía.

Siento que he vencido con fuerza, coraje y tenacidad varios retos de la vida, entre los cuales el haber sido privada del cuerpo físico de mi padre a la edad de 17 años, desarrollando la capacidad de vivirle a través de una dimensión nueva y muy fina. Desde aquel entonces he asistido a cómo estaba siempre presente, y de manera asimismo tangible, a pesar de que mis ojos no pudieran verle, ni mis brazos abrazarle, ni mis orejas escuchar su voz terrenal.

Con fuerza y determinación he buscado repetidas veces mi camino, incluso cuando creía haberme perdido y el sendero se hacía difícil y angosto.

Solo más tarde entendí que aquellos eran todo menos *lugares* sin sentido o que llegaron por causalidad: en realidad eran etapas esenciales para llegar a destino, enriquecidas con todo lo que necesitamos para seguir con el viaje de la manera mejor posible.

He seguido un sendero y he abierto caminos dentro de mí dando vida a recorridos interiores en los cuales el agua ha empezado a fluir cada vez más clara y cristalina.

Hoy soy yo misma una guía: muestro el camino indicando los lugares que definitivamente merece la pena visitar y donde conseguir los recursos y la preparación adecuados para llegar a la siguiente etapa.

A veces el camino se presenta angosto y recorrerlo es difícil: igual que al intentar pasar por el ojo de una aguja; pero esto también es parte del viaje que implica *el salto*, posible solo mediante el uso de los recursos que hemos adquirido atravesando aquellos lugares que nos permiten encontrar nuestra estrategia personal para superar el *impasse*.

Otras veces, en cambio, se trata de crear espacios donde sentirnos protegidos y lejos del caos generado por aquel "demasiado" que nos rodea. Como un gran monasterio: en apariencia es un edificio del que el mundo queda excluido, dejado afuera de sus muros. En realidad, es un lugar de culto, un sitio donde sentarse para reflexionar tranquilamente en presencia de las muchas partes de uno mismo, entablando conversación con ellas.

Con la experiencia he notado que este es un aspecto esencial para evolucionar, pero es poco considerado y aplicado.

¿Quién soy, qué quiero, qué siento, qué necesito?

Todas preguntas que empecé a ponerme desde muy joven, con las piernas cruzadas frente a un espejo que parecía ser el portal para acceder a la dimensión en la que encontraría las respuestas a mis muchas preguntas.

En un silencio religioso, como los que se escuchan en los monasterios, observaba mi imagen reflejada hasta llegar a un trance que disolvía el espeso manto de lo visible y me permitía acceder a algo invisible a los ojos.

Ahí era justamente donde empezaba el viaje y el sitio en el que empecé a encontrar algunas respuestas. La más importante fue: "Mucho de mi está en aquel más allá, en las profundidades poco visitadas" y nunca he dejado de acceder allí e investigar. Para así, finalmente, desvelar el misterio y poner sus frutos a disposición de los demás en mi relación de ayuda que ofrezco.

Monza: "Crecido en la luz".

Quien lleva el apellido Monza es caracterizado por una propensión a ser educado y consciente de la importancia de su juicio. A pesar de tener todo el potencial para prevalecer, mantiene una conducta respetuosa. Prefiere las actividades de cuidado.

Cuando pienso en mi abuela paterna, recuerdo todas las veces que me dijo lo mucho que le gustaba escucharme hablar y a veces, cuando mi idiolecto llegaba a ser un poco insolente y rebelde, sostenía que de mayor habría podido ser abogado o juez. En retrospectiva he comprendido lo que veían subconscientemente los ojos de mi abuela: el fuerte sentido de justicia que se alojaba dentro de mí incluso antes de que yo pudiera comprender su significado. No se trataba de la necesidad de pronunciar sentencias, acusar, juzgar; sino de tener juicio y sensibilidad para encontrar equidad, equilibrio, *lo justo* que llama a justicia. En esta búsqueda no hay por lo tanto deseo de prevalecer o intimidar, ya que el objetivo es mucho más alto y noble y lo identifico en un elemento imprescindible: el respeto a uno mismo y a las demás personas, y a los mundos que ambos representan.

Me parece evidente, en este momento de mi vida, que el hecho de que prefiera actividades de cuidado haya encontrado su plena realización.

Hoy puedo afirmar encontrarme, ser y hacer lo que siempre he deseado, incluso en tiempos aún no sospechosos. Estoy en Tenerife, la isla que para mí representa, por posición geográfica y por percepción personal, el Hub desde el que puedo hacer despegar cada una de mis formas de ayuda; soy finalmente la versión mejor de mí misma y soy *Mental Trainer, Life&Spiritual Coach* y *Mentor,* experta en psicología aplicada e hipnosis para el bienestar.

Todo esto se podría definir como un trabajo, pero incluso antes de ser para mí materia y objeto de estudio, formación y especialización, lo considero una profesión en la medida en que profeso todo aquello en lo que creo profundamente.

El viaje me ha permitido arribar a la profesión que desempeño, que corresponde exactamente a lo que siempre he sentido que quería hacer, a mi propósito de vida y a mi misión personal: ¡ayudarme y comprenderme a mí misma, para ayudar y comprender mejor a los demás!

Llegar lo más lejos posible para así acompañar a los demás en aquel viaje que yo misma he enfrentado.

A través del camino representado por la lectura de este libro, lo que me gustaría transmitir al lector es el mensaje de que todo aquello que afirmo y describo no ha llegado por senderos sencillos y paisajes amenos y no siempre estuvo tan claro como lo está hoy.

El título mismo es emblemático: un recorrido hecho por la voluntad de emprender, explorar, comprender, profundizar y transformar cualquier cosa en un milagro en continuo devenir, para poder acompañar a otros también en el viaje que muestra el camino de Damasco.

Cuando dicen que alguien fue "fulgurado en el camino de Damasco", describen a una persona trastornada por un acontecimiento tan importante e impactante como para cambiar su vida de forma profunda y significativa.

Deseo ser ese acontecimiento importante e impactante capaz de modificar lo que hasta este momento no ha hecho posible el cambio tan anhelado, el cambio propedéutico para llevar la existencia a evolucionar hacia su mejor versión; el cambio que lleva a comprender el propio propósito existencial en este planeta, en esta vida.

He decidido contar mi viaje personal a través de una colección de escritos en prosa intimista, que emergieron durante mi personal expedición hacia el gran avance.

Una especie de periplo, de circunnavegación del "yo" con paradas que solo hoy me puedo permitir definir como "estratégicas". No podía saberlo en ese entonces. En esos puntos calientes, donde solía detenerme a pesar de las condiciones a veces adversas (vientos contrarios y engañosos, temperaturas sofocantes, terrenos escuetos y senderos escarpados, playas desiertas con acantilados abandonados por Dios) para comprender mejor y más.

Estas etapas, más que otras, me enseñaron algo y me pusieron frente a las elecciones más importantes. Elecciones que contribuyeron a recalibrar el rumbo y a hacer de mi vida lo que es hoy. "Mi vida" y no la de otra persona. Alguien más a quien yo misma podría haber autorizado a decidir por mí; que podría dejar que influyera hasta el punto de condicionar decisiones importantes. Como si fuera alguien más que estuviera escribiendo nuestro libro a través de sus visiones, creencias y opiniones, para luego agregar únicamente nuestra firma al final. Un simple autógrafo en la obra de alguien ajeno. Una estafa autoinfligida.

Quise incluir imágenes evocativas y emblemáticas de los preceptos y conceptos expresados a lo largo del recorrido trazado por los escritos. Esto con el fin de estimular aún más al lector, compañero de viaje, y llevarlo a una experiencia aún más íntima y profunda.

En estos escritos míos —y sobre todo en el acto de compartirlos— está el profundo y auténtico deseo de ayudar a las personas que los leen a que sientan que pueden cambiar, evolucionar, crecer, amar y amarse, convirtiéndose en la mejor versión de ellos mismos, aspirar a realizarse ellos mismos y sus sueños, manifestar y desarrollar su propósito existencial, sentirse felices y satisfechos, sentirse bien y hacer sentir bien a los demás, tener relaciones enriquecedoras, nobles y sanas.

En mi recorrido en anillos concéntricos, cuanto más me acercaba al centro, tanto más me acercaba a mí misma. Y con este movimiento comprendía la dirección en la cual iba a converger lo que había sentido íntimamente durante mucho tiempo.

Ya a temprana edad noté como mis sentidos estaban amplificados de manera que cada uno de ellos me permitía percibir algo más de lo que podríamos definir como "el promedio general".

Veía más allá de la superficie, oía lo que para otros descuidados era un detalle superfluo y no digno de particular atención. Al tocar algo o al oler un perfume, explotaba un mundo en expansión hacia un imaginario que a menudo era la esencia de las cosas invisibles a los ojos de quien se deja distraer por otras cosas. Y esto fue fuente de nueva conciencia y mayor comprensión del mundo que nos rodea.

Siempre pensé que haría algo que estuviera conectado con mi sensación de que la vida es como un don inmenso que hay que tratar con cariño, gratitud y hacer que florezca cada día como si fuese el primero.

"Si tengo que sufrir, nunca será de manera estéril".

Esta es una frase que me dije un día y desde aquel entonces se ha convertido en un mantra y en un estilo de vida. "Si", una conjunción en este caso fundamental para indicar —y hacer comprender con claridad— que el objetivo es todo menos sufrir, más bien representa el concepto de hacer de la vida una celebración misma del milagro que nace del dolor, del sufrimiento, de la molestia.

Podría haber sido médico o enfermera, profesora o arqueóloga, hasta que me di cuenta de que lo único que yo deseaba era ayudar a los demás a encontrar su camino hacia el bienestar, exactamente como lo hice yo conmigo misma. El tiempo, noble caballero, me ha ayudado a entender aún mejor que cada persona es un planeta en sí mismo y que para entrar en contacto con este hace falta saber abrirse a la diversidad y a la unicidad que ello representa en el exacto momento en el que entra en contacto y en relación con nosotros.

Por esta razón tuve que trabajar antes de todo en acoger las muchas y diferentes partes de mí misma que, como en un prisma, coexisten y forman parte de un único cuerpo.

Es interesante como el prisma se utilice para desviar un haz de luz monocromática.

En el experimento del prisma, para descomponer la luz, Newton pasó un rayo blanco a través de un prisma de vidrio. La luz blanca entró en el prisma, lo atravesó y cuando salió del mismo se había descompuesto en los siete colores fundamentales.

Esto es lo que siento que debo y quiero hacer: exactamente como el rayo de luz monocromática, las personas llegan a mí y yo, el prisma, las acompaño en el viaje hasta que salgan, conscientes de los diferentes colores que llevan en su interior y que tienen a disposición para pintar nuevamente el cuadro de su propia vida.

Cada color aparentemente nuevo representa esa parte de uno mismo olvidada, descuidada, reprimida y por lo tanto inesperada.

Para poder llegar a ser hoy la guía que soy, estudié, me formé y decidí abrirme a más rutas y enfoques precisamente porque cuanto más avanzaba en el camino, más sentía la necesidad de acoger y gestionar las unicidades que cada persona representaba, con técnicas y visiones diferentes.

Junto con el *Mental Training* y el *Life&Spiritual Coaching*, con la hipnosis y las técnicas de visualización, de respiración consciente y de relajación, la psicología aplicada es un tema —y una herramienta— en el que se han centrado muchos de mis estudios y donde se ha enfocado la práctica vinculada a mi misión. Esto se debe a que la considero fundamental y muy eficaz en el trabajo de reestructuración de la persona y de su mundo interior, manteniendo como objetivo su bienestar.

Siendo que el objetivo final es la resolución de las cuestiones relacionadas con la cotidianidad, la psicología aplicada se puede definir como *la psicología puesta al servicio de la vida real*.

Las herramientas relacionadas con esta rama de la psicología son las teorías sobre el comportamiento humano y sobre el funcionamiento de los procesos cognitivos, y por este motivo comprendí que no podemos prescindir de la psicología teórica, que proporciona a la aplicada los presupuestos conceptuales necesarios para actuar de manera eficaz.

A día de hoy, tengo mucho más claras las razones por las cuales me resultó atractivo este enfoque más que otros.

Me siento promotora y ferviente creyente del siguiente concepto: la teoría es la base importante a través de la cual adquirir conocimientos nuevos y útiles, pero la práctica es la etapa siguiente y necesaria para lograr resultados objetivos, concretos y por lo tanto tangibles en la vida, resultados dignos de ser llamados tales.

TEORÍA + PRÁCTICA = CRECER, EVOLUCIO-NAR, OBTENER ÉXITO Y RESULTADOS.

Durante la lectura de los textos que he escrito, encontrarás de nuevo este binomio.

El nivel sensorial, el nivel percibido, el de lo imaginario y de lo ideal, rayando en lo utópico, han encontrado su camino hacia el nivel de lo práctico y real, ya que estás aquí hoy leyendo mi libro.

Si has llegado —una o más veces— a pensar que quieres cambiar tu vida, pero algo "a pesar de ti" ha intervenido para distraerte de la dirección correcta, debes saber que es importante perseverar y hacerlo en la dimensión de lo práctico, donde uno experimenta, se entrena y recoge datos e informaciones útiles —los fracasos, claro que no— para seguir de la mejor manera posible y para obtener resultados tangibles, duraderos y evidentes. Para nosotros y para el resto del mundo.

EL COMIENZO

Era la víspera del cumpleaños de la maravillosa criatura que traje al mundo, cuando se asomó, un poco titubeante, una idea que nació del corazón y de una pasión sacada adelante y cultivada en el tiempo: la escritura. Un espacio en el que expresarme, en el que poner negro sobre blanco algo de mí a beneficio de la alteridad, que para mí siempre ha representado la posibilidad de cumplir cada día con mi misión.

Empecé a escribir, sintiendo que con cada palabra cobraban vida chorros de agua. Mi mente y mi corazón eran su fuente, mis pensamientos y mis emociones, en cambio, el río. La desembocadura —por último— representaba el lugar donde todo se arrojaba en el corazón de quien, al otro lado, estuviera listo para acogerlo y hacerlo suyo para reflexionar y para alcanzar un estado mayor de bienestar interior, tanto en la relación consigo mismo como con los demás.

No me empujan ni la presunción de una escritora de premio Pulitzer —la cual claramente no soy, por lo menos por el momento— ni la ambición de entrar en la clasificación de los libros más leídos, sino el auténtico deseo de llegar al mar representado por todos aquellos que quieran leer.

Los cursos de agua llegan a tratos más dulces, en algunos puntos con más ímpetu, eso depende de lo que intuyo ser de más ayuda, objetivo que permanece por encima de todo, desde siempre. Ayudar a través de mi persona, mis estudios, mi experiencia personal, a través de las palabras que se convierten en herramienta por excelencia para crear y cambiar la vida de las personas.

Por lo tanto, estas palabras van a todos los que quiero y a quienes se entregan a mí, reconociendo en mí el don de saber trazar nuevos caminos y crear nuevos horizontes de vida.

LAS ESCALERAS

Una amiga un día me dijo: "¡Eres una campeona!", mientras me miraba subir las escaleras en vez de coger el ascensor.

Mientras seguía subiendo, reflexioné y entendí que no me gustaban las cosas fáciles, quería llegar a lo alto, escalón tras escalón, sintiendo la carga tanto como la fuerza propulsiva que me empujaba a cada paso más que daba, transformando el ideal en acción, el sueño en realidad, evitando atajos ilusorios.

Una conocida me dijo un día: "Tú cruzas todos los géneros sin ningún esfuerzo y llegas al otro lado con distinción".

Reflexioné, y consideré que detrás de todas aquellas sensaciones de *effortless* —sin esfuerzo y con desenvoltura— estaban todas aquellas "yoes" que habían pasado a través de "los géneros" con pasión, sufrimiento, poniéndose en juego, recogiéndose en sus propias manos, sin rendirse a esa parte de mí que quería tragarme en sus profundas grietas, y de las cuales en cambio yo sentía que salía como una luz brillante que se proyecta en un cono del ancho del cielo mismo.

Alguien un día me vio con un vestido que no era solo una tira de tela cortada y cosida con un criterio y un estilo determinados, sino el reflejo de algo más que brotaba desde adentro. Me comentó que, si me hubiera visto Botticelli, habría destruido la *Primavera* para hacerla de nuevo.

Reflexioné y pensé que soy yo misma Mi Primavera, Mi renacimiento, Mi voluntad de amarMe y de reservarMe la delicadeza que opino merecer, la cual también transparentaba a través de ese tul y de aquellas flores teñidas de colores pastel, que decidí ponerme ese día.

El mensaje: por supuesto que la vida no es un ascensor; y si nos rendimos frente a las escaleras, dejándonos seducir por los atajos, quiere decir que quizás en ambos casos lleguemos al mismo lugar, pero lo que veremos a lo largo del camino será diferente y será precisamente esta diferencia la que determine un simple proceder o el renacer en algo verdaderamente único y especial de cada experiencia que la vida nos ofrece.

LA SEMILLA

 Un encuentro importante para entender que escribir para llegar al corazón de la gente es verdaderamente como abrir un pequeño surco en la tierra y depositar delicadamente una semilla en ello.

En este gesto no hay búsqueda de fama, gloria o presunción, sino el más puro y auténtico deseo de ser esa pequeña plataforma de lanzamiento que todos necesitamos, desde que abrimos los ojos, al llegar del amanecer, hasta que los cerramos, antes de dejar que otro mundo abra sus puertas al subconsciente. Se trata de un auténtico sustrato que guarda dentro de sí tesoros de valor incalculable y que determina el color, la forma y el tamaño de la planta que crecerá a partir de la semilla.

Y entonces, de esa semillita plantada, quizás no solo nazca una nueva energía y un nuevo impulso para saltar mejor hacia la vida cotidiana, sino que a su vez pueda germinar algo en ese subconsciente que esté menos coloreado con tintes angustiosos para dejar espacio a los colores de la alegría y de la esperanza, del altruismo y de la providencia.

Había un tiempo cuando buscaba un nido, una protección fuera de mí, sintiéndome una semilla frágil, demasiado sensible y temerosa de aquel mundo que encontraba ahí fuera, cada vez que salía de casa. Ahora aquel nido, aquel lugar seguro, lo llevo dentro de mí adonde vaya y se ha vuelto lo suficientemente fuerte como para acoger a otras almas hermosas e importantes para mi crecimiento. Almas que son como tierra fértil para mis semillas, así como vientos que llevan otras semillas que han recogido en su camino, o como auspicios de lluvias que ayudan a germinar y florecer lo que ya había sido sembrado en mí y que estaba a la espera de brotar.

A veces puede pasar que alguna semilla acabe en tierras más áridas, y es en esos casos que la alegría se multiplica cuando el primer puntito verde aparece de ese tímido suelo.

En mi camino me he cruzado con mil o más personas, pero es así como quiero que sean mis encuentros: heraldos de nueva vida, de nuevos sentimientos, de nuevos impulsos y de nuevas perspectivas.

¡Lo que es estéril no es para mí!

El mensaje: cada uno de nosotros representa una semilla en la vida del otro. Dejemos que, de cada persona, de cada experiencia, de cada encuentro siempre pueda surgir algo que contribuya a nuestra evolución. Una flor consigue nacer incluso del cemento, y de las hábiles manos de un buen agricultor puede nacer y crecer algo muy nutritivo no solo para él sino también para los muchos que le rodean.

MI FIEL Y PODEROSO CORCEL

Pasaron muchos años antes de que volviera a montar en silla a mi fiel y poderoso caballo.

La última vez que cabalgué no era más que una niña, y ahora mi bicicleta era capaz una vez más de transformarse para mí, para llevarme lejos.

Llevaba mis gafas azuladas en forma de lágrima que me hacían ver todo de un color que era tanto cielo como mar, al principio clarito y luego gradualmente siempre más oscuro; mis zapatos blancos y cómodos, y unos *shorts* con flores que vibraban con el viento, que pasaba por mi pelo suelto, como para darle vida. Procedía rápidamente y enfrentaba cada obstáculo subiéndome de mi sillín, manteniendo las piernas bien firmes. Percibía mis músculos reactivos y mis brazos fuertes y estables. Todo fluía rápido y a cada tramo de calle sentía una sensación diferente. Inicialmente me sentía como una valquiria, luego me parecía como si estuviera entre las calles de París; una curva, y de pronto llega el perfume de una mujer que me invade agradablemente; lo acojo, lo dejo entrar en mis fosas nasales y luego dejo que se transforme en una emoción, igual que el olor a cuero que sale de una tienda de bolsos. Me detengo por un instante, cierro los ojos y me siento como si estuviera en una curtiduría de otros tiempos.

Al llegar a mi destino, entrego un pensamiento escrito, una epístola, una ayuda, y a mí, que soy mensajera a caballo, me parece entregar un poco de esa luz que, como una mano extendida y fuerte, sale de las antiguas grietas del corazón.

Al regresar, enfrento la subida recordando una importante lección de la vida: es cuesta arriba donde se recogen los frutos del entrenamiento y es el momento más importante en absoluto para creer en uno mismo.

Mientras me dejo recorrer por la alegría de haber llegado a la cima y haberlo conseguido, pienso en aquel hombre por la calle que me preguntó si mi bicicleta era eléctrica. Tuvo un despiste épico al no ver que tenía delante a un magnífico caballo. Un poco como esa gente que ve un simple sombrero cuando en realidad se trata de un elefante. No necesito una bicicleta eléctrica, porque la dinamo está en mis piernas y en mi mente, y llevan energía a cada punto de mi cuerpo y de mi corazón.

El mensaje: toda experiencia almacena en sí la posibilidad de ser vivida por mucho más de lo que parece. Dejarse sorprender y atravesar por lo que la vida ofrece en cada instante transforma una simple acción en un hermoso viaje del que regresar con algo más.

TEMPERATURA PERCIBIDA
Y TEMPERATURA REAL

 En verano se habla a menudo de temperatura percibida y temperatura real.

Este concepto me ayuda a explicar la diferencia entre lo real y lo percibido, y en particular a aclarar lo que me pasó cuando una persona hizo algo por mí que —visto desde fuera y analizado en el plano de la realidad objetiva— pudo parecer una simple llamada a entrar por una puerta, o la activación de un pasaje de información, y por lo tanto una comunicación entre dos personas. Pero a nivel emocional fue mucho más. La realidad desnuda, cruda, objetiva es útil, pero a veces demasiado escasa para mis gustos, bastante sofisticados por lo que respecta a la materia de la que están hechos los sentimientos, hasta el punto de que alguien, a veces, podría percibirme como al borde de lo empalagoso.

Ocurrió que un día, una persona a quien le hice preguntas para comprender aspectos importantes de la vida, me concedió su escucha y su conocimiento. Esto es "lo real" y objetivo; mientras que lo percibido es algo completamente diferente: un alma iluminada cruzó mi camino y me tendió la mano entregándome un billete para un viaje. El primer trayecto lo había pagado yo saliendo de "Wanna Be Town" —el país de "Quiero ser"— mientras que el billete desde "Possible City" —la ciudad de lo "Posiblemente"— con destino a "Can Be State" —el estado de "Es Posible"— es el don que sentí haber recibido.

Sucedió entonces que una persona me llamó mientras estaba esperando tras una puerta, en compañía de mis preguntas, de mis dudas y de mis reflexiones, y me dijo que pasara. Cuando crucé la puerta me encontré frente a dos personas conversando sobre la importancia del pasado y del presente y de cómo ambos eran elementos fundamentales y fungibles para crear un futuro mejor.

Esto es "lo real", pero lo percibido vuelve a ser una vez más diferente: un alma brillante e iluminada se dio cuenta de mí y me sintió a través de esa puerta. Sintió mi sensación de malestar y de abandono y por primera vez percibí que alguien me anteponía a él, a sus necesidades, a sus impulsos, me anteponía a su todo. Y abriendo esa puerta me dijo: "Ven, criatura sensible, dame tu mano, porque tú, sola, ahí fuera, no mereces quedarte".

Luego ocurrió que un día recibí un poema escrito a mano, pero lo que percibí fue que una persona especial se había detenido a escuchar las vibraciones del corazón; se había tomado el tiempo de traducirlas para mí en papel, escribiéndolas con su propia mano, negro sobre blanco. Esto me permitió entrar en contacto con esa parte de mí que se reconocía en ese gesto —tan especial como familiar—, ya que para mí los demás representan mi oportunidad de marcar la diferencia. Incluso con gestos fuera de lo común, que pueden generar un punto de inflexión y un cambio realmente significativos en el largo camino de la vida.

El mensaje: no importa lo que nuestros ojos ven en el termómetro de la vida, ¡sino lo que percibimos en la piel del alma!

LAS LÁGRIMAS

 Flujos de agua interiores, conge-
lados. Las lágrimas son lo que
mana de su deshielo, cuando el
sol y el calor de una emoción en-
tran en contacto con sus partes
más cristalizadas.

Dentro de nosotros hay una
fuente llamada CORAZÓN y
de allí proceden arroyos, ríos y
torrentes que desembocan en un mar llamado ALMA.

Esa ALMA vive de amaneceres y a veces de atardeceres, y
las lágrimas son aquellas gotas que el mar no consigue con-
tener y que desbordan para que ese importante flujo no se
interrumpa.

El fluir de las EMOCIONES nos dice que estamos VI-
VOS y que por lo tanto habrá mil amaneceres más para ilu-
minar nuestros días felices, y atardeceres donde veremos el
sol eclipsar dentro de nuestras dificultades y de nuestro sufrimiento, ¡y esta es vida!

Debemos alegrarnos de nuestras lágrimas, porque son la señal de que la vida fluye en nosotros como un río que nos lleva lejos, donde podemos ver levantarse el sol ante nuestros ojos en toda su magnificencia y brillo, un nuevo horizonte para admirar y ¡del que alegrarse!

Igual que de las grietas del sufrimiento puede salir LUZ, de los ojos pueden salir GOTAS de LUZ.

El mensaje: a veces nos enseñaron a no llorar, nos dijeron que llorar es señal de debilidad, que nos vuelve tontos y feos a los ojos de quienes nos miran.

Cada vez que reprimimos un llanto, estamos bloqueando el flujo de una emoción e impedimos que se disuelva. Esa emoción, que podría disolverse en un llanto, se congelará y cristalizará en el subconsciente, impidiendo que nos liberemos y avancemos lo mejor que podamos en nuestro camino evolutivo.

UNA JOVENICITA EN CIERNES

Laura, que adora el deporte.

Laura, que tenía una bicicleta a la que llamaba "su fiel corcel" y que la llevaba a todas partes.

Laura, que ya intuía el efecto y valor transversal del deporte: fortalecer y modelar el cuerpo y la mente, que juntos contribuyen a crear fuerza, resistencia, constancia, disciplina, determinación, resiliencia, armonía, belleza, dinamismo, expresión, equilibrio.

Laura, que conoce la competición cuando se trata de expresarla hacia sí misma, para "superarse".

Laura, que adora dibujar.

Laura, que adora bailar cerrando los ojos, dando vueltas en los suelos de la mente, saltando de uno a otro con ímpetu.

Laura, que ama cantar y actuar.

Laura, que escucha música y se pierde en sus mundos de soñadora irreducible e incurable.

Laura, que cocinaba para su padre con la llegada del verano y de la pausa del trabajo, sintiendo que le cuidaba y le regalaba amor a través de platos deliciosos para la boca y para el corazón.

Laura, que transforma los sueños en su realidad y que cree en lo que para los demás es difícil de ver.

Laura, que lleva estrellas en los ojos.

Laura, que percibía que su manera de sentir "fuera de lo ordinario" hacía que fuese diferente de los demás y generaba curiosidad e interés en aquellos que tenían ojos para verlo.

Tímida, pero ya inmensamente enamorada de la vida y rebosante de emociones.

Laura, que da forma al concepto de "qué quiero realmente" cuando, a las notas muy altas en la escuela, prefiere resultados buenos para dar espacio al juego, al deporte, a los amigos, a lo que había más allá del estudio. Su compromiso personal para no renunciar a lo que sentía desear, lo que creía ya desde entonces ser el alimento de su alma: el contacto con la Vida y con las personas y todo lo que tienen para ofrecer, incluso cuando eso equivalió —y equivale— a sufrir.

Laura, que conoce la oscuridad y el miedo, pero que tiene un objetivo que actúa como un faro en la noche: Amar y vivir Amando.

Laura, que es el resultado de aquellas estrellas en sus ojos que nunca se apagaron, de aquellos caballos que corren e incluso de la oscuridad que sintió envolverla como una capa asfixiante y aterradora.

Laura, que un día, durante una clase de tenis en la que —con su servicio— debía golpear un cono situado al otro lado de la cancha, logró meter la pelota en el hoyo exacto en la parte superior del cono. No se pudo convencer de ello. Aun así, ocurrió. Y si ha ocurrido una vez, se dice a sí misma: "Puedo hacerlo otra vez".

Laura, que tiene un objetivo: meterla otra vez, esa pelota, dentro del cono. El cono de la vida.

El mensaje: las faltas y los sufrimientos pueden imaginarse como un cojín al que le dieron un puñetazo. Hay una parte hueca y vacía dejada por el golpe recibido y hay una protuberancia llena y redonda proyectada hacia el exterior. Algo que lástima puede generar algo lleno, armonioso y proyectado hacia adelante o hasta ¡convertirse en una pelota que entra perfectamente en el hoyo, en el cono de nuestra propia existencia, cuando menos lo esperamos!

LOS CABALLOS

 Caballos detrás de una valla, caballos con la mirada orgullosa, poderosos, brillantes, determinados, firmes. Caballos que se mueven, que dan coces. Los cascos golpeando contra el suelo, que retumba. Y el sonido que recorre enormes distancias, como para enviar un mensaje al mundo; la melena, abundante y fluida, sigue los movimientos de la cabeza mientras se asoma sobre la valla.

La barrera cae inexorablemente al suelo, y el sonido sordo y profundo desplaza el polvo. Y es en ese preciso instante que los caballos empiezan a avanzar; primero lentamente, luego al trote, hasta que el paso se vuelve aún más coordinado y seguro y más, y más, y más... aumenta hasta convertirse en un galope. Y los caballos, suspendidos del suelo, avanzan: blancos, negros, píos, no importa, porque es la alegría que les dona color y el viento que los acompaña.

Se detienen a beber, sin fuerzas, pero libres, y la elegancia no les abandona ni siquiera en el momento de cansancio. Cuando llega el momento de regresar no lo hacen con la jeta agachada, sino con el mismo orgullo y con el mismo coraje con los que cruzaron las fronteras, galopando hacia el espacio que les dio el impulso por primera vez para volver a liberarlos mil veces más.

El mensaje: podemos controlar nuestros comportamientos e intentar domarlos y amansarlos en función de las que percibimos ser las exigencias de quienes nos rodean y de los que no queremos decepcionar, pero terminaremos para obtener constantemente unos caballos detrás de una valla.

Nuestras profundas partes interiores —nuestra verdadera naturaleza— sienten la necesidad de correr, libres de confrontarse entre ellas mismas, con el mundo, y de experimentar con este.

MI SERENIDAD ES CÉNTRICA

Cuando el mar que antes estaba en tormenta se vuelve apacible y el reflujo trae conchas y estrellas de mar a la orilla, me agacho, las miro, las tomo entre mis manos y las observo en toda su plenitud y belleza. Cierro los ojos y las siento entre mis dedos, percibo sus partes lisas y las rugosidades, las partes brillantes de nácar y las opacidades, noto sus espirales.

Luego me acerco una a la oreja y escucho mientras me susurra mi historia: escucho su viento, los sollozos, el desconsuelo, las preocupaciones y luego explosiones de alegría de vivir, de resiliencia, de ganas de aprender, cantar, actuar, pintar, bailar, escribir, correr, tocar música…

Sin aliento, me coloco suavemente sobre la arena y me acuesto como una estrella de mar. Cierro los ojos, pero los párpados no son una barrera entre ellos y ese cielo que llevo dentro, incluso antes de existir fuera de mí; y pienso que siempre es una cuestión de perspectiva.

Cuanto más amplio sea tu cielo, más grande será el número de cosas de las que podrás disfrutar, más extenso será el espacio para "convertirte" en algo, alguien que vaya incluso más allá del *imaginarium*.

El cielo se llena de estrellas, la luna influye en las mareas y siento que dentro de mí se mueven grandes volúmenes de emociones. El flujo de las mareas crea subidas y bajadas; y si lo que las provoca es la atracción gravitacional que los cuerpos celestes ejercen con respecto a la Tierra, fuera de mi ser hay planetas que se cruzan con mi mundo interior e influyen sobre este.

Siento que me estoy moviendo como la espiral de la concha, en la dirección que me lleva a encontrar mi centro; y el mar se convierte en un plato plácido.

Salgo del agua como una jinete del mar, como la hija de Neptuno, con pelo de algas y coral. Las conchitas crean una armadura que ya no es impenetrable y sobre mi corazón llevo una estrella de mar. Avanzo sin dudar y, dando la vuelta hacia la luna, recojo las perlas de luz que deja caer en el mar: para alumbrar, cuando el camino se vuelva oscuro.

El mensaje: la vida nos presenta muchos acontecimientos que van a crear nuestra historia. Rebobinar la cinta y escucharla de nuevo es a veces fuente de dolor, pero es nuestra historia. Lo que hace de nosotros quienes somos y lo que podemos llegar a ser.

Vistámonos de todo lo que sea útil para fortalecernos y para convertirnos en referencia y centro firme de nosotros mismos, y soltemos todo lo que ya no sirve más que para dificultar nuestro camino de crecimiento.

LA FUERZA ESTÁ EN TODOS LADOS

La fuerza está en todo alrededor de nosotros: en una flor amarilla mirada desde muy cerca encuentras la magnitud, fuerza y luz que te transportan adonde estás listo para llegar; en el sombrero rojo de ala ancha que visto con orgullo; en el hombre que corta con dedición los arbustos en la colina; en el tronco de una palmera mientras las frondas se mueven haciendo cosquillas al aire; en mi paso firme y ágil; en las palabras de entendimiento susurradas entre dos personas que se miran y se gustan, se respetan, se aman, se comprenden; en un viento que mueve el pelo, las emociones, que deja en suspensión, que crea una burbuja y une a dos almas mientras se intercambian vida y la soplan una en la otra; en una águila que vuela orgullosa e imponente, y que dominando el cielo y los vientos parece imperturbable mientras recorre soberanamente kilómetros con la mirada de quien está centrado en un gran objetivo; en quienes se convierten en el sueño que siempre llevaron consigo y nunca abandonaron, sin importarles la larga gestación que solo puede hacerlo más grande y más fuerte; en un avión que despega desafiando las leyes de la gravedad; en un tren de vapor que entra potente y rápidamente en un túnel y reaparece al otro lado cantando victoria con su poderoso resoplo, a veces casi irreverente y prepotente; en aquellos que finalmente logran marcar la diferencia en sus propias vidas y en las vidas de quienes los rodean; en aquellos que saben exactamente lo que están haciendo, incluso si el mundo no parece aprobarlo o entenderlo; en una montaña que te pone de rodillas ante su imponencia y belleza y te hace rezar, aunque un Dios no lo tengas; en quienes la encuentran, la fuerza, y ¡la hacen suya sin dudarlo!

El mensaje: todo lo que buscamos y necesitamos está en cada cosa que nos rodea. Debemos aprender a ver con los ojos de la confianza, de quienes valientemente admiten su ceguera y eligen mirar más allá de lo que creían poder ver hasta ese momento y de lo que creyeron que fuera la única verdad.

LA PRIMERA VEZ

Hay una primera vez para todo y hay fases en la vida en las que estas "primeras veces" se concentran.

Está la primera vez que sientes que no quieres ponerte un vestido que hace de ti lo que quieres que vean los demás, y que te hace perder la posibilidad de ser tú misma, libre de algo que solo sirve para taparte, enmascarar o confundir.

Está la primera vez que dices lo que piensas exactamente como lo piensas, rompiendo el silencio y haciendo emerger ese coraje que al final se convierte en orgullo y alegría por haber logrado dar voz a tus partes más profundas y a tus necesidades.

Está la primera vez que decides que ya no quieres gustar a todos y la primera vez que ya no te quedas helada frente a alguien a quien no le importan los modales y encuentras la fuerza para tomar distancia de él. Sientes que no es como huir, sino que por primera vez sabes que puedes escoger y elegir.

Por primera vez ya no tienes que buscar la belleza en todo y a toda costa, porque entiendes que la belleza que hay en tu interior no siempre está presente en los demás como un reflejo. Por primera vez puedes mirar a la cara lo que no te gusta, porque ya no es tan doloroso, porque por primera vez puedes desconectarte del peso de lo ideal y de la expectativa, de la necesidad y de la esperanza de que todo es hermoso y positivo.

Por primera vez puedes tomar distancia de "lo que siempre ha sido así", aunque esto implique cierto dolor. Y cuando el acto de fuerza se convierte en la única posibilidad de volver a respirar a pleno pulmón, sin sentir falta de aliento o incluso apnea, encuentras la fuerza impulsora para hacerlo.

La primera vez que ya no necesitas mirarte y reconocerte a través de los ojos de los demás, porque los tuyos son suficientes. Cuando por primera vez los números que componen tu peso o tu tiempo se liberan, y empiezan a volar en el cielo como globos que se alejan cada vez más hasta desaparecer, hasta dejar de tener ese significado apretado.

Cuando por primera vez sientes que puedes soltar alguna carga de tu alma que —como un globo aerostático— conquista una altura cada vez mayor, tomando distancia de lo que ya no es necesario.

Cuando por primera vez la vida ya no es una olimpíada y no hay que seguir subiendo ese listón —si no es lo que quieres— porque el salto mejor lo das cuando cierras los ojos, cuando el público desaparece y tú encuentras tu verdadero *Ser* junto con todas esas partes de ti que se toman de la mano y te llevan a la victoria.

Cuando por primera vez sabes que "PUEDES SER", y al mirarte te sientes galvanizada por todo lo que tus propios ojos presencian como espectadores incrédulos y asombrados.

El mensaje: incluso cuando sentimos que ya *es demasiado tarde*, es importante recordar que se trata de un proceso imaginativo de nuestra mente. *Parece* demasiado tarde, pero en realidad somos nosotros quienes determinamos el comienzo de algo, en cualquier momento de nuestra vida. Todo siempre ha tenido una primera vez empezando por la creación del universo. Pues se crearon el cielo, el mar, la luna, el sol, las estrellas... Lo importante es decidirse y poner en marcha el mecanismo, para presenciar un virtuoso efecto en cascada.

QUIÉN ENSEÑA A QUIÉN

Cuando mi hijo me pone delante de lo que yo misma le transmití, y tiene el efecto refrescante y regenerador del agua en un cálido día de sol, cuando los conceptos lógicos y pragmáticos tienden a derretirse y perderse en los vagones del tren de carga de la vida cotidiana, me pregunto: "¿Quién enseña a quién?"

Cuando me cuesta sentir el olor del mar mientras corro al lado de un campo de hierba, no pienso haber recobrado la razón, sino haber perdido esa capacidad de soñar y de usar el gran potencial de la mente y del corazón.

Cuando mi hijo me pide si yo también puedo escuchar el sonido del mar en el susurro de la hierba movida por el viento, entonces me viene a la mente la pregunta: "¿Quién ha enseñado a quién?". Pero la respuesta a esta consulta retórica ya no es tan importante, porque en su lugar llega la conciencia de que ciertas cosas no se enseñan, sino que se sienten, JUNTOS.

El mensaje: no siempre el intentar comprender, hacer un análisis lógico o plantearse preguntas determina y garantiza una respuesta o una solución. En algunos casos, quedarse a la escucha y vivir la experiencia, dejando fluir cada cosa, ¡es como llega la respuesta!

LA MÁQUINA DEL TIEMPO

Estoy mirando dentro del carrito de la compra, absorta en mil pensamientos. Levanto la mirada y entonces la bajo inmediatamente al paquete de suavizante de vainilla, vuelvo a mirar hacia arriba, como si estuviera en trance, y el tiempo se detiene.

Entro en una *Tardis*, una especie de cabina telefónica que transporta a las personas a través del tiempo —pasado o futuro— y que me lleva de vuelta al tiempo del instituto… y es así como el tiempo se convierte en un concepto abstracto y hasta un poco abstruso, debido a que delante de mí aparece mi profesora de italiano de entonces. Ella fue mucho más que una profesora: fue la persona que me hizo creer en mí misma en un momento de la vida en el que lo necesitaba desesperadamente, como agua para el hombre que vaga por el desierto; como la musa inspiradora para un poeta; como la comida para el hambriento; en un momento en el que la referencia más importante de mi vida, mi guía —mi padre— estaba a punto de escaparse de mis manos y desaparecer de mis ojos.

Dos miradas se cruzan. La hesitación, y entonces la chispa que enciende la memoria.

"¡Laura!".

"¡Profesora!".

El corazón se derrite entre las bolsas de la compra, y su esencia permea el aire que nos rodea. Estamos asombradas, suspendidas en la incredulidad del acontecimiento y envueltas por el placer del encuentro entre dos almas que ya entonces se habían querido y percibidas afines. "¡Buenos días, profesora! Qué placer encontrarla justo en este momento, mientras le hablo a mi hijo sobre la importancia de las figuras educativas, quienes, además de enseñar la asignatura, consiguen transmitirte el amor hacia la misma y al mismo tiempo el amarte por lo que eres, por tus talentos aún no maduros pero visibles".

Ella, que había reconocido en la escritura uno de mis puntos fuertes y que me había exhortado a seguir así; yo, que había escuchado sus palabras y con el tiempo había aprendido a hacer danzar fuera de mí lo que adentro se enredaba de manera descoordinada, confusa, provocándome dolor.

Me mira y me dice que hay cosas que se alejan de nosotros, pero que al final regresan, porque eso es su destino: dar vueltas inmensas para reaparecer más fuertes que antes.

Nos encontramos por casualidad, pero "la casualidad" no existe y yo escucho una voz llamarme: "¡Planeta Realidad llama a Laura! ¡Planeta Realidad llama a Laura!", pero ella y yo estamos en una burbuja. Termino de pagar, y aunque no nos miremos directamente a los ojos podemos vernos de todas formas, con el rabillo del ojo. Siento que ella busca una correspondencia entre la Laura de entonces y la de hoy y estoy segura de que podrá encontrarla, exactamente como yo puedo encontrarla en ella; y más que nada cuando, antes de salir del *Tardis*, me acerco para saludarla con afecto y ella, tirándome hacia sí, libre de convencionalismos o gestos de circunstancia, me envuelve de todo lo que siempre he necesitado, hoy como entonces: ternura, amor, confianza, comprensión.

Nos dejamos con todo esto en el corazón y me aseguro de que siempre recuerde la diferencia que logró marcar en mi existencia.

Ella me regala una sonrisa que exprime más de mil palabras. Quizás no nos volvamos a ver, porque esa *Tardis* aparece raramente, pero yo sigo hacia mi coche pensando que he recibido un gran regalo y lo he vivido plenamente. Arranco el coche y la radio transmite *What a wonderful world*.

¿Un caso? No creo en la casualidad.

Dejo que cada uno saque su respuesta y versión.

El mensaje: todo puede llegar en un instante inesperado, altamente improbable, casi imposible, a los límites de la imaginación misma. Mantente listo para coger y acoger esa oportunidad que la vida te brinda, para recordarte una vez más de dónde vienes, cómo de lejos has llegado desde entonces, y cuánto queda aún para seguir alcanzando muchos éxitos importantes.

UN ANIMAL DE ESCENARIO

 "Cuando está en escena parece que el tiempo no existe", es lo que se dice de un artista cuando su capacidad expresiva supera el límite espaciotemporal. Cuando consigue llegar —con su alma— a un "dónde" que escapa a la mente humana racional, que cubre, en cada instante, cada rincón de un espacio y de un tiempo que ya no tienen razón de existir. Lo fuerte que te derrumba, como una gran ola.

En el animal existe el instinto, el acto desinhibido, los sentidos amplificados, la búsqueda de alimento para sobrevivir. Y lo mismo ocurre con el artista quien, en esa dimensión alternativa, se expresa con soltura y desinhibición, en busca de alimento para el ego artístico, que es el eje de su existencia.

El alimento reside en la propia expresión artística y en el placer que nace en quien la mira con admiración y asombro. Sus sentidos, amplificados por la pasión, lo ponen en contacto con su parte más creativa y esta se convierte en un *flow*, una experiencia autotélica y finalmente un flujo bidireccional alterno, mientras da y recibe emociones del público.

¿Una relación igualitaria?

Tal vez, pero no tiene por qué ser, ya que quien está al otro lado no siempre está sintonizado con la misma longitud de onda, no viaja a la misma velocidad ni con la misma capacidad de recepción de terabyte de una información que involucra a todos los sentidos. Aun así, el animal de escenario —atravesado por el *flow*— sabe bastarse a sí mismo.

Sin embargo, cuando las luces se encienden y el público está presente, listo para recibirlo, es esta fusión que genera la verdadera magia.

¡Existen animales de escenario incluso cuando ese escenario es la vida misma!

El mensaje: cada día podemos ser creadores, compositores y escritores de nuestro destino, moviéndonos por el escenario de nuestra existencia ¡como verdaderos protagonistas!

A nosotros el entre bambalinas, el control de las luces, el sitio detrás de la cámara, el escenario; a nosotros el papel principal y el asiento entre el público, para poder cubrir la escena a 360 grados.

LA PALABRA SE HACE CARNE

"La palabra se hace carne" lo escuché por primera vez un día que me sentía como una niña feliz en una habitación llena de globos y mariposas, decidida a atrapar todo saltando lo más alto posible.

Esa expresión, esas palabras, daban un significado a muchas cosas dentro de mí y en ese instante comprobé de primera mano lo poderosa que es la palabra.

Las palabras, tanto en forma escrita como cuando se expresan verbalmente, se convierten en una herramienta para lograr traducir emociones y pensamientos. Las guardo en los cajones de mi alma, y cuando los abro las elijo y las junto con el mismo cuidado y minuciosidad de una mujer cuando se mira al espejo y elige qué ponerse, cómo combinar los colores, el maquillaje y los accesorios en virtud de cómo los ve o cómo los siente al llevarlos puestos: ceñidos, suaves, sedosos, ligeros, cómodos, discretos o vistosos, seductores o reconfortantes; y por cómo cree que llegarán a los demás.

Las palabras pueden ser de igual modo seductoras, afiladas, letales, paralizantes, hipnotizantes, en desuso. Pueden fluir dulces como la miel, disgustar y ser peligrosas como el veneno, o ser casi tan insípidas como el agua.

Adquiero nuevas o me las regalan, y para mí equivalen a una joya.

 Ocurrió que recibí una de regalo y la guardé en un cajón por largo tiempo, porque las palabras tienen un alma propia y no se pueden usar al azar, eso significaría no respetarlas o no brindarles la justicia que merecen.

A veces esos cajones se llenan, pero siempre hay un sitio más para algo nuevo que traiga aire fresco al espacio mental donde ellas, las palabras, esas letras que juntas crean cosas más allá de cualquiera imaginación y lógica, danzan como notas confusas. Pero cuando las elijo con cuidado, y con atención y devoción las emparejo, pueden llegar a ser música que sacude partes profundas y que nos ayudan a llegar lejos.

El mensaje: nos enseñan a hablar, pero no a componer.

Nos enseñan a pronunciar y a emitir sonidos con un significado, pero no a elegir cómo juntar tales sonidos para crear sinfonías y no cacofonías o ruidos ensordecedores y deletéreos.

Nunca es demasiado tarde para tomar conciencia del poder de la comunicación y para aprender a manejar con cuidado las palabras, para mejorar nuestra relación con nosotros mismos y con el mundo.

EL CULTO DE LA FORMA FÍSICA

 "Mens sana in corpore sano" *(mente sana en cuerpo sano)* es una antigua locución latina que ha resistido a las eras, a los cambios generacionales, a los "puntos de vista" y a las modas, llegando hasta hoy con su gran equipaje, lleno de indiscutible actualidad y sana e irrefutable verdad.

Quizás lo que ha ocurrido con el progreso y las modas es que nos hemos estancado en el "corpore sano", hechizados y seducidos por un ideal del cual nos hemos vuelto fanáticos, confundiendo un factor puramente estético con salud.

Hemos empezado a practicar el culto al cuerpo de manera espasmódica y obsesiva, como cegados por un resplandor que creemos pueda emerger principalmente a través de este mismo, de nuestro cuerpo, encomendándole así la tarea de cubrir casi todas nuestras formas de expresión del yo interior.

¿Y de lo "mens", la mente, qué? Su equilibrio, su fuerza, su forma, ¿dónde los dejamos? ¿Queremos ponerla en *standby* en nombre del cuerpo, de esas formas idealizadas y de los cánones que nos enjaulan mortificando todo lo demás que está ahí, en espera de que pueda expresarse?

Yo creo que no, o mejor, he empezado a creer que esas cremas adelgazantes deberían usarse también para el alma. Para agilizarla, aliviando pesos y acumulaciones innecesarias; las infusiones drenantes deberían beberse para el corazón, para secarlo y purificarlo de los líquidos amargos y de los venenos en los que a veces se ahoga; se debería practicar una gimnasia que fortalezca los músculos del carácter, acostumbrándolos a resistir al tira y afloja que la vida presenta y representa, y con constancia procurar que todo esto quede registrado como los músculos entrenados saben hacer, de modo que esa fuerza conquistada no desvanezca fácilmente.

El gel tonificante lo dedicamos al espíritu, para saber reír y sonreír cuando hace falta, cuando lo necesitamos, cuando una sana sonrisa puede darle la vuelta a una situación que en el fondo necesita exactamente eso.

¿Y la crema alisadora? Esa la usamos para el humor, cuando se despierta lleno de bultos y protuberancias y necesita un aplanamiento para encontrar el equilibrio, como una gimnasta que recorre —centrada y decidida— la barra larga y estrecha.

El mensaje: cuerpo y mente son indisolubles. Pensar en ellos como separados solo se debe a un proceso imaginativo de la mente. Nosotros somos el uno y la otra en constante y continua comunicación bidireccional. Aprendemos a recorrer esa barra, y con cada caída pensamos en cómo cambiar la posición de nuestros pies. La verdadera victoria llega cuando cuerpo y mente, finalmente, reconocen las singularidades y el valor mutuo y se alían para conseguir lo mejor de cada cosa, gracias a la sinergia que deriva de su unión.

LA CARICIA

 El mundo de "esta cosa es esto y únicamente esto", para mí, es un mundo gris al que no siento pertenecer.

Es un mundo de una sola dimensión y de una sola idea, monocromático, monotemático, y tan plano como la tierra concebida como tal al tiempo de la Edad Media.

Como el "Érase una vez", para mí existe el "Éranse una vez", que se abre a nuevos mundos y nuevas historias, diferentes posibilidades, tantas como las variables generadas por la percepción humana. Y entonces, una vez más, descubro que por ejemplo la caricia no es solamente un gesto de la mano que se apoya suave y se mueve delicadamente sobre otra criatura, sino que es un gesto que tiene diferentes significados y dimensiones, por lo menos tantos cuantos son los sentidos.

Darle a la caricia otra dimensión y llevarla a una segunda, tercera, o cuarta dimensión, siempre ha sido natural para mí; y quizás les ha ocurrido a otros también: el explorar estos espacios a través de las profundidades que cada uno de ellos representa. Exactamente como arrojarse al océano del alma.

La caricia es cuando una persona te habla con dulzura y acaricia tu alma suavemente, y con la misma suavidad acoge y comprende tu pensamiento enriqueciéndolo con el suyo. No importa si no se tiene exactamente el mismo pensamiento, porque, aunque sea diferente, lo que importa es cómo consigue llegar acariciando.

Incluso cuando se expresa de manera más incisiva, la caricia se puede percibir a través del amor que el pensamiento en su diversidad lleva consigo de todos modos.

Es cuando alguien **te mira** y te reconoce hasta la médula y te ama, ¡exactamente tal como eres!

Es cuando **escuchas** el sonido de un piano y a cada tecla tocada por el pianista corresponde una tecla interna, dentro de ti, y empieza un concierto a cuatro manos.

Cuando hay **aromas** que evocan momentos buenos e importantes de tu vida, ahí viene la caricia.

Cuando **miras** algo que te cautiva por su belleza, que es capaz de encender y satisfacer tus sentidos, notas despegar la caricia en su cuarta dimensión.

Cuando **saboreas** algo que se convierte en exaltación para las papilas gustativas, se emprende un viaje que termina en una caricia en su quinta dimensión.

Y así sigue, hacia todas las dimensiones a las que solo la vida te permite acceder y que te permite descubrir... solo si tú estarás listo para sentirlas y reconocerlas.

El mensaje: no te pares a la primera mirada o a la primera impresión. En cambio, detente y observa dentro de ti. Escúchate y deja que el viaje empiece. A lo largo del camino podrán llegar más cosas, más de las que tu mente fuera inicialmente capaz de percibir. Da voz a tus emociones sin temor, porque ellas siempre vienen con uno o más mensajes importantes mediante todos los sentidos de los que estamos dotados.

LA ARQUEÓLOGA

 De pequeña tenía un sueño, ¿no le pasa eso a todos?

Nacemos puros y crecemos los primeros años de nuestra vida acompañados de la magia del "sin filtros" y del "sin límites" en nuestros ojos y en el corazón.

Me refiero a aquella época en la que solías abrir un libro y te sentías empujar por el entusiasmo puro. Ese desenfreno por algo o alguien, por un mundo que fascina y te hace decidir que de mayor serás *ese* o *aquel alguien* y serás parte de ese mundo.

Ocurrió con un libro de arqueología que hablaba de la historia de Egipto y que me regalaron mamá y papá, bajo petición mía, en ocasión de una Navidad.

A partir de ese momento fue magia: "¡De mayor quiero ser arqueóloga!".

Evidentemente las cosas no salieron como aquella niña soñaba.

Solo en un tiempo más reciente me di cuenta de que tal vez no era realmente así, que una vez más la clave de lectura podía cambiar, y fue así como pensé que, al fin y al cabo, era desde ese día que yo había estado explorando.

Un viaje largo, tanto como mi propia vida.

Me detuve en los que parecían desiertos con climas asfixiantes y busqué entre la arena, rozando a momentos con más delicadeza, a veces con gestos más decididos y dirigidos, pero siempre de manera minuciosa y en busca de respuestas, o incluso simplemente sedienta de sacar a la luz el conocimiento, para hacerlo brillar.

Me llevé conmigo los preciosos e invaluables descubrimientos, tratando de mantenerlos a salvo de todo lo que pudiera deteriorarlos, con el riesgo de perder la historia que guardaban.

Atravesé valles y llegué a ciudades desconocidas y las estudié para entenderlas mejor, para comprender su historia y lo que las había llevado a tener esa arquitectura, ese estilo y esas tradiciones en lugar de otras.

Encontré y me aventuré en laberintos que parecían no tener salida, para darme cuenta de que en cambio era solo cuestión de comprender, de recorrer y volver a recorrer sin miedo, de aprender, de perseverar hasta descubrir el misterio que se esconde detrás de lo inesperado y de lo incomprensible: *solo parece* que no haya vía de escape.

Durante el viaje, compuesto de idas y vueltas, ninguno de esos lugares me dejó nunca endurecida o con las manos vacías. Incluso lo que parecía desierto escondía riquezas, y lo que parecía desconocido y aterrador se volvió conocido.

Solo recientemente comprendí que había realizado mi sueño: me convertí en arqueóloga de mí misma y de aquellos que acuden a mí para que les ayude a recorrer su viaje.

El mensaje: persevera en tu camino hacia la realización de tu yo más profundo. No te pares frente a las apariencias o a las etiquetas. Cada uno de nosotros tiene una misión y una razón para estar en este planeta. Permítete descubrir cuál es tu propósito existencial a través de cada cosa que haces, y te darás cuenta de que lo que creías que no era, en realidad, esconde dentro de sí partes de ese objetivo, de ese sueño.

SOMOS FLORES

Y justo cuando piensas que esa flor ya había florecido, aparece otro pétalo.

Esa flor, de pétalos, tiene tantos cuantos estés dispuesta y seas capaz de hacer brotar.

Debes crear un espacio para ellos y suministrar el alimento adecuado con el fin de que encuentren la fuerza de tomar forma y vida propias.

En el centro de cada flor hay todo lo que mantiene unidos a los pétalos y que los colorea con las tonalidades más variadas. La vida es un pincel que los roza cada día, pero se pueden elegir la intensidad, los matices, el tacto, la dirección.

No importa cómo quedarán al final, ¡lo importante es hacer de tu vida tu obra de arte!

El mensaje: no te limites a lo que siempre te han contado o a lo que has leído en los libros sobre una flor. Experimenta y déjate sorprender por lo inesperado, por lo increíble, por lo supuestamente imposible.

Cambia tu perspectiva y ¡a partir de ahí todo devendrá comprensible, creíble y posible!

RINCONES DE
ETERNO COLECTIVO

¿Os ha pasado alguna vez que escucháis una canción por casualidad y, de repente, os sentís llevados por los recuerdos?

Me imagino que sí.

Creo que hay canciones con el poder de evocar nuevamente los rincones de eterno colectivo.

Lo que quiero decir es que hay canciones que evocan, en las mentes de muchos, varios trozos

de vida fuera del tiempo, que desde el momento exacto en el que ocurren y se fijan en la cinta de la vida pasan a la sublime dimensión del "para siempre".

Son como unas naves espaciales que se insinúan en las venas, soltando emociones como una substancia capaz de llegar a cada rincón y célula de tu cuerpo.

Te ves otra vez ahí, sentada en el sofá, escuchando esa canción que estaba ganando en un festival; o en la playa, bailando con los amigos de aquella época. Pareces volver a oler los aromas, o a revivir un abrazo o la energía emanada por las emociones que fluyeron mientras la escuchabas.

Todos los sentidos están llamados a participar a un acontecimiento más único que raro, el de cuando tocas con la punta del corazón al "para siempre" que todos dicen que no existe y que, en cambio, ¡ahí está!

El mensaje: deja que, cuando algo especial ocurre, fluya en tu interior y te conecte a la máquina de un tiempo suspendido, donde los relojes se detienen.

Vive el momento y deja que su semilla brote cuando el reloj vuelva a marcar los segundos, los minutos, las horas y los días por venir para brindarte consuelo, esperanza y alegría.

TOO EXPENSIVE FOR MY (EMOTIONAL) WALLET DEMASIADO CARO PARA MI CARTERA (EMOCIONAL)

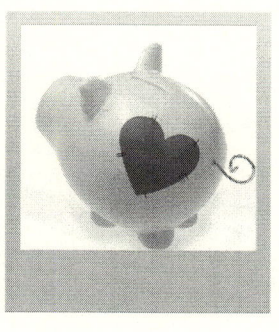

Está todo a nuestro alrededor: al alcance de nuestras manos y de nuestros ojos. Y solo hace falta cogerlo.

Los demás, para mí, siempre han sido fuente de inspiración, y un día una revelación íntima entre mí misma, tan simple como profunda, me hizo reflexionar: hay personas que llegan al corazón de inmediato; personas que tardan el tiempo que nos haga falta para crear el espacio adecuado para acogerlas; personas que, aunque no las veas a menudo, cuando las encuentras, crean un carril preferencial que permite atravesar el uno al otro sin ningún obstáculo, y al final hay personas que nunca llegarán.

Estos últimos pueden ser en muchos casos razón de dudas y búsquedas interiores, y es solo con el tiempo que se comprende la importancia de este "proceso" de búsqueda y comprensión.

Esto ocurre por una razón muy precisa: cada uno de nosotros es único, pero eso no significa que seamos siempre una "figura complementaria" para cualquiera que encontremos en nuestro camino.

Intentemos imaginarnos a nosotros mismos como un puzle. Las personas que llegan sin esfuerzo tienen el efecto de la pieza que se encaja perfectamente. Las personas que llegan con el tiempo son como un par de zapatos nuevos que aprietan. En el momento cautivan nuestra atención, pero luego, cuando los llevamos puestos, la sensación cambia y sentimos molestia. En estos casos se trata de darnos tiempo, para descubrir que con eso el zapato calzará cada vez mejor hasta hacernos sentir completamente cómodos.

Por último, las personas que nunca llegarán son aquellas para quienes he acuñado una expresión que siento tan mía como mi capacidad —a estas alturas— de reconocer a tales personas para quienes resulta sumamente apropiada: "Esa persona es demasiado cara para mi cartera (emocional)".

Estoy convencida de que hay personas que tienen un precio realmente demasiado caro para nuestra alma, personas que cuestan verdaderamente demasiada energía, que la exprimen y, por más que a veces pueda ocurrir encontrar a personas inteligentes o capaces, he aprendido a reconocer ese rasgo que "a largo plazo" podría eliminar el potencial para una relación sana y constructiva.

Y aquí está una llamada a la honestidad, a la que apelo en estos y en muchos más casos, la honestidad que he aprendido a reservar ante todo para mí misma en los momentos cuando la duda me asalta; y es precisamente gracias a este sentimiento tan antiguo como precioso —y al centro de muchas cosas que nos definen y enriquecen (amor, amistad, relaciones en general)— que confío en esa expresión que es toda mía: "¡Esta persona no me la puedo permitir!"

El mensaje: llega un momento en el que es necesario hacer las cuentas con nuestra cartera emocional, y es importante tomar conciencia de cuánto tenemos a disposición para gastar en relaciones de variada índole, en los diferentes ámbitos de nuestra vida.

Durante mucho tiempo hemos mantenido y soportado los gastos para podernos "permitir" y "mantener" a determinadas personas a toda costa, sin tener en cuenta nuestra cartera emocional y energética, hasta llegar al punto de no tener nada más que ofrecer. Esa es la posición exacta desde la que empezar a comprender que hemos abarcado más de lo que podíamos, y a aprender a gestionarnos en las relaciones futuras.

SIGUIENDO EL RASTRO
DE LOS RECUERDOS

Puede pasar, un día más que otros, que sientes la llamada de lugares familiares, de ciudades que están conectadas a mil o más hilos sutiles del corazón.

Saronno, es la ciudad en Italia donde, por gran parte de mi infancia y adolescencia, viví todos esos momentos que quedan grabados en un casete cuya cinta se va enrollando alrededor del corazón y ahí permanece.

Solo es cuestión de escuchar esa llamada para decidir volver a esos lugares donde los hilos se transforman en cabos que izan las velas, el viento de las emociones fuertes empieza a soplar y navegas viento en popa por las calles del centro.

Siento la llamada a dirigirme hacia la iglesia; no me pregunto por qué, pero sigo una pista, una trayectoria que me lleva hasta los bancos donde me sentaba con mi abuela por la mañana para la misa de las nueve. Solo más tarde me doy cuenta de que ese mismo día era el aniversario de su viaje a lo eterno. Miro a mi alrededor, intentando ver con los mismos ojos y la misma perspectiva que entonces. Tomo asiento y vuelvo mi mirada exactamente al punto donde entonces buscaba a alguien o algo para observar y en el que perderme hasta el final de la misa.

Fuera de la iglesia, todavía me siento guiada por el aroma intenso de los recuerdos, y ávida de ellos sigo adelante y me veo de nuevo sentada en una mesa de un bar, con dos compañeras de la secundaria que reencontré un par de años después de graduarnos.

Nos veo allí, a medio camino entre una manzana aún verde y el comienzo de una vida toda por descubrir, con mil signos de interrogación suspendidos en el aire justo por encima de nuestras cabezas, y la sensación de ternura me envuelve en un instante.

Unos pasos más allá doy la vuelta e, incrédula pero feliz, veo que todavía hay algo que aún se resiste al tiempo y al progreso, la tienda de bolsos donde mamá y papá compraban en ocasión de fechas especiales. Me veo entre mamá y papá, ojeando entre los colores y las formas, en espera de la elección de un bolso elegante para mamá o uno agradable a la vista, cómodo y resistente para el trabajo de papá, a quien le encantaba tener estilo e ir arreglado incluso cuando iba al trabajo. Miro espasmódicamente por la ventana en busca de la dependienta de esa época, la favorita, la que papá consideraba la mejor en términos de simpatía y competencia. Obviamente no la veo, pero la cinta enrollada alrededor del corazón me ayuda a verme una vez más participando en la elección, feliz y vibrante de alegría por estar entre mamá y papá en un momento sereno y alegre; y es como si un viento cálido del suroeste acariciara suavemente mi alma.

Sigo adelante, acercándome a la fase culminante de la sinfonía grabada en la cinta de los recuerdos, hasta que vuelvo a ver aquella escena donde caminaba rápido con mi padre que terminaba de trabajar, y juntos nos dirigíamos hacia la estación para tomar el tren de las 19.15 que nos habría llevado cerca de casa. Aquí yo era una adolescente, hablando con él del colegio, de lo que me gustaba, de mis pequeños proyectos y deseos, segura de que él, al escucharme, ya estaba pensando en cómo ayudarme a cumplirlos.

Mi papá y yo, hace muchísimos años que no nos vemos, desde que él dejó su cuerpo físico; pero en ese momento le vuelvo a ver, me vuelvo a ver, nos veo juntos, en el fluir de la vida cotidiana, en una tarde de verano después de pasar el día con la abuela, listos para volver a casa con mamá. Y así todo es normal, hasta que lo cotidiano y lo normal se convierten en un recuerdo y en una pista para seguir.

Miro a mi querido perro Mocka, lo miro olfatear la acera con gran entusiasmo, de manera espasmódica, casi compulsiva, y pienso que tal vez él y yo al fin y al cabo estamos haciendo lo mismo: él en busca de olores familiares y yo en busca de recuerdos, de emociones, de familia.

El mensaje: nunca es demasiado tarde para revivir y hacer revivir algo en nosotros que sea capaz de devolvernos la esencia de momentos y de personas importantes.

Los sentidos son grandes aliados en el viaje interior, y como canales —cuando los abrimos— transportan, acompañan, amplifican.

A TRAVÉS DE OTROS OJOS

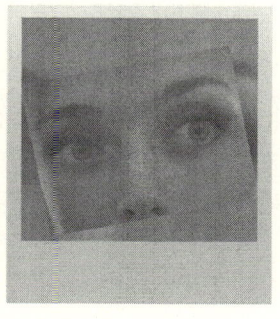

Ese día miré a mi madre con otros ojos, los del amor, del asombro, de la alegría, de una comprensión mayor, más madura. Entré en esa casa que también era mía, y fue como hallarla de nuevo, la redescubrí mirándola y admirándola en todos sus rincones. Miré las fotos, las pinturas, las plantas, y vi el cuidado puesto en crear ese pequeño mundo y en mantenerlo bello, entendiendo las razones profundas e invisibles a los ojos, vi el miedo de perder algo que "una vez fue" y, entre las cosas más importantes, percibí a la Artista en ella, la que había dado vida y cuidado de todo esto.

Pude ver a mi madre todavía llena de entusiasmo, mezclado con una especie de aceptación hacia lo que ya no podía volver a ser lo que "una vez fue", ese estado de aceptación por lo que es diferente desde entonces, que solo el paso del tiempo puede crear con dulzura y que se genera después de mil adversidades.

Fui capaz de ver todo esto gracias a los ojos de quien defino desde hace 40 años como "mi ángel de la guarda", quien a lo largo de los años supo arrojar luz sobre muchas cosas de mi vida, acompañándome a través de momentos complejos con un amor constante.

Incluso ese día, su mirada me acompañó en el viaje de luz. Y fue como ponerse un par de gafas o tener una lupa delante. Como un viento fresco que se deshace del polvo. Y a través de esa mirada, me pude permitir ver a mi madre como a una artista. Una artista en no rendirse al dolor y a las dificultades, en reinventarse y en seguir adelante a pesar de todo.

El mensaje: mirar a un lugar o una persona a través de la mirada de otro nos ayuda a descubrir un mundo que muchas veces está ahí, al pie de muchos tramos de escaleras por las cuales tenemos miedo de bajar. Tememos la oscuridad o lo inesperado, pero es en ese lugar mágico donde residen muchas respuestas, así como el hechizo que disuelve el dolor.

Deseo a todos que, algún día, tengan la misma suerte que yo de tener a su lado un par de gafas especiales y únicas que permitan reabrir espacios del corazón aplastados por el peso de la vida que da, y que a veces quita.

CONCLUSIONES

 Si has llegado hasta aquí con mi libro todavía entre tus manos, es porque de alguna manera conseguí llevarte hasta el final de este viaje, convirtiéndolo en una experiencia que espero te haya dejado algo importante, tal como ocurrió conmigo.

Quiero animarte a que acojas y preserves cada semilla que haya llegado hasta ti a través de estas líneas, dejando que se abra camino hacia lo alto y alcance la luz del sol, convirtiéndose exactamente en lo que necesita.

Por lo tanto, te deseo lo mejor y que puedas seguir adelante, con la seguridad de que, si necesitas recordar cómo hacerlo, bastará con abrir este libro en cualquier página y allí estaré yo para recordártelo.

Con amor,

Laura Monza

Laura Monza

Studio Body Mind Spirit
Calle Aldaba 248 - Chayofa
Sta. Cruz de Tenerife (ES)

Email: lorizzonte1@gmail.com
www.lauramonza.com
Mobile tel. (IT): +39 347 085 2998
Mobile tel. (ES): +34 641 18 65 89

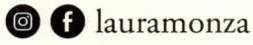 lauramonza
@lauramonza75